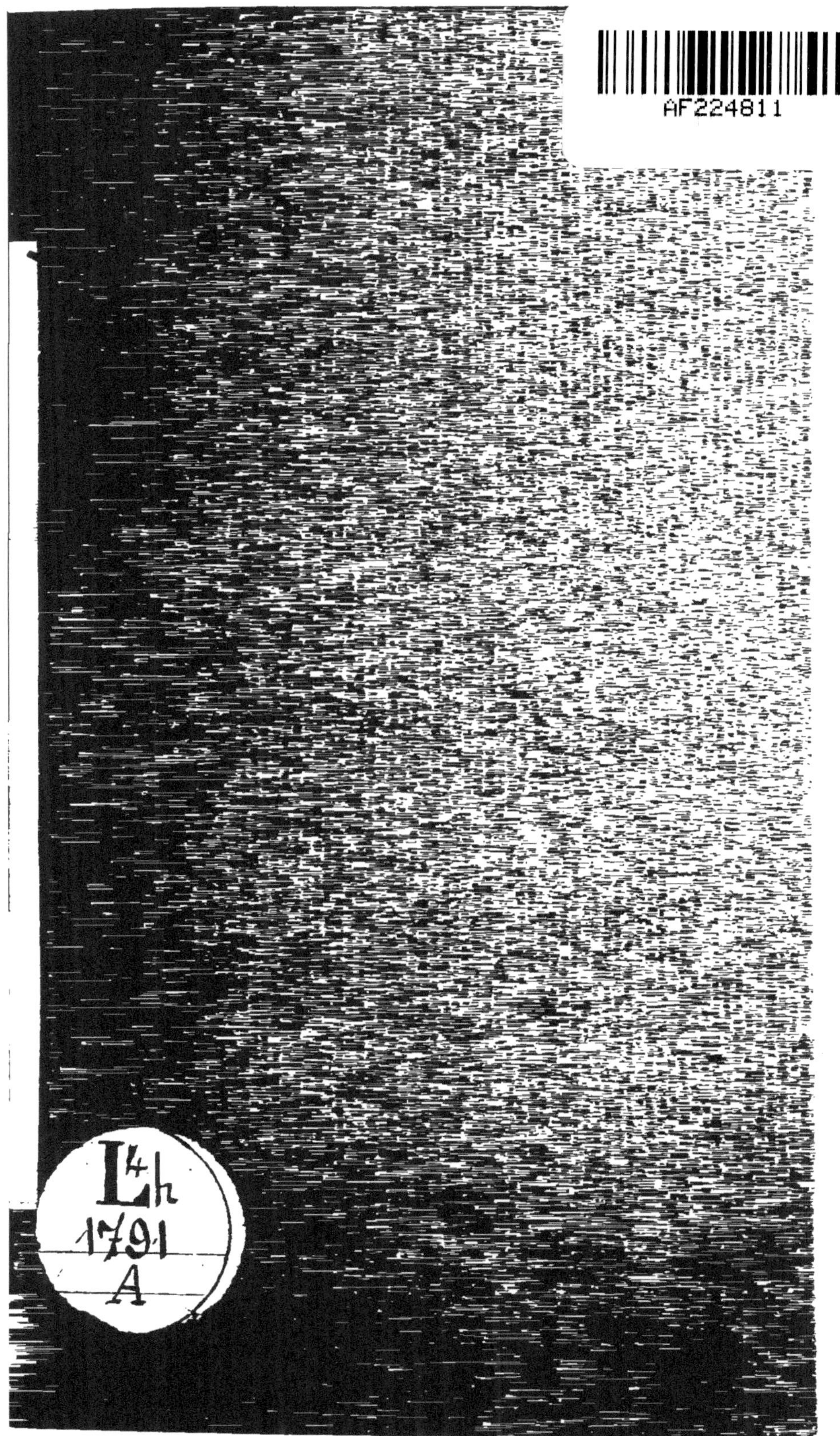
AF224811

UNION DES FEMMES DE FRANCE

LA
FEMME HOSPITALIÈRE

CONFÉRENCE

Faite à Clermont-Ferrand

PAR

Le docteur Mary DURAND

CONSEILLER GÉNÉRAL DU PUY-DE-DÔME
MÉDECIN DE L'HÔTEL NATIONAL DES INVALIDES

DEUXIÈME ÉDITION

PARIS
IMPRIMERIE CHARLES UNSINGER
83, Rue du Bac, 83
1889

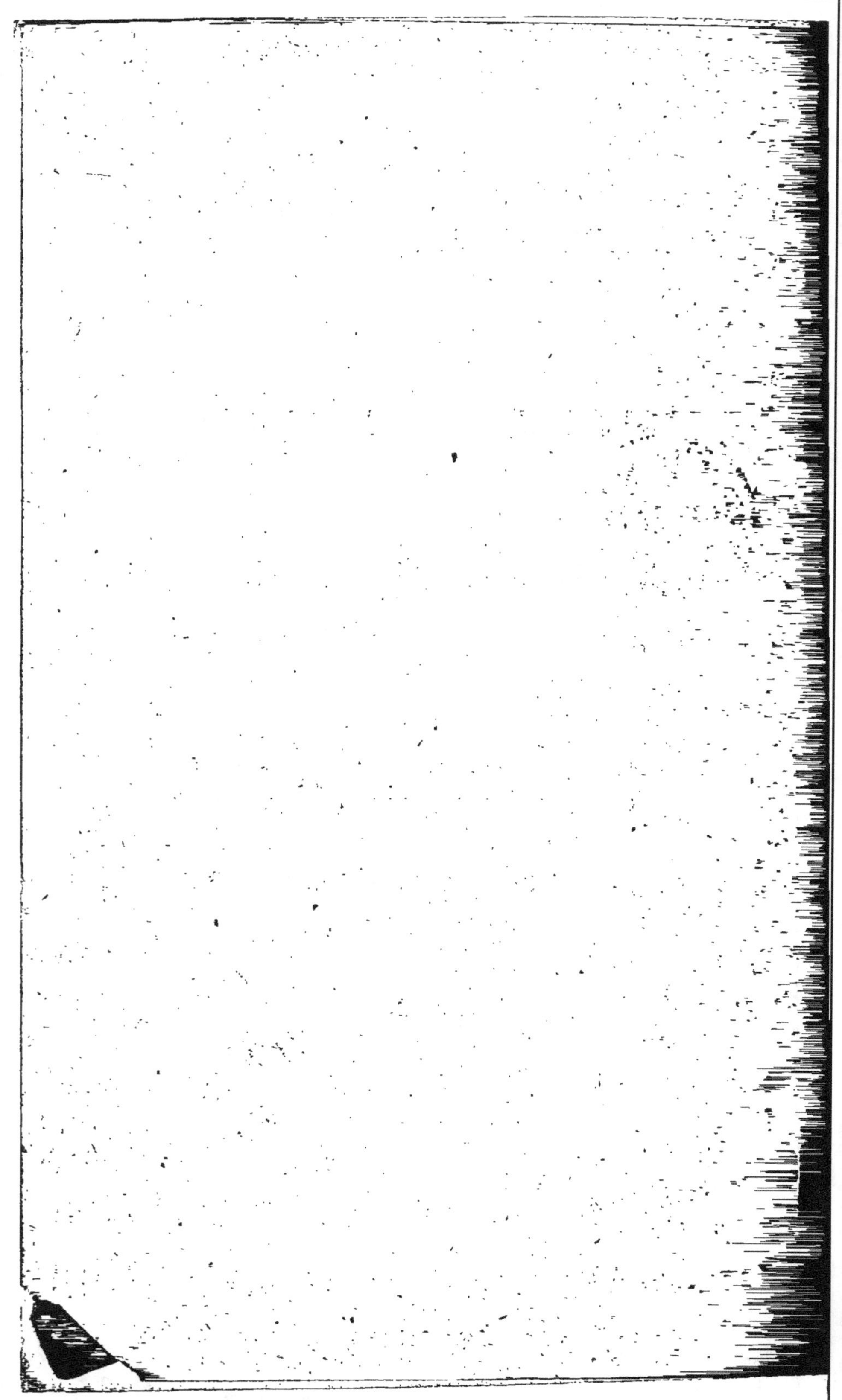

LA

FEMME HOSPITALIÈRE

CONFÉRENCE

Faite à Clermont-Ferrand

PAR

Le docteur Mary DURAND

CONSEILLER GÉNÉRAL DU PUY-DE-DÔME
MÉDECIN DE L'HÔTEL NATIONAL DES INVALIDES

DEUXIÈME ÉDITION

PARIS
IMPRIMERIE CHARLES UNSINGER
83, Rue du Bac, 83
1889

LA
FEMME HOSPITALIÈRE

Mesdames,

La nécessité de réorganiser les services chargés d'assurer, pendant la guerre, des secours aux blessés et aux malades devint surtout évidente en 1863. A cette époque, un philanthrope génevois, Dunant, écrivit les impressions terribles qu'il avait ressenties en parcourant le champ de bataille de Solférino ; là il avait vu succomber des miliers de soldats par manque de secours. En 1865, l'éminent docteur Chenu publia une statistique des pertes subies par les armées belligérantes en Crimée, et puis en Italie. Ce livre fut une sorte de révélation et produisit dans l'armée comme dans le public l'émotion la plus vive. On ne se doutait guère alors du chiffre des victimes de nos discordes internationales ; ce chiffre, je ne veux point le rappeler, je me borne à dire qu'il est effrayant.

Or, combien est grand le nombre de ceux qui n'auraient pas succombé s'ils avaient été secourus à temps! L'historien de la bataille de Solférino raconte avoir trouvé des blessés attendant des secours depuis quarante-huit heures ou enlevés par des hémorragies.

Je vois tous les jours, à l'hôtel des Invalides, un brave sergent qui, à Frœschwiller, eut les deux pieds emportés par un obus, et, tout en riant, il me disait encore la semaine dernière ne les avoir jamais revus. Doué d'une incroyable énergie, il fit, avec ses mains, un trou dans le sable et y enfonça ses deux jambes mutilées pour arrêter l'hémorragie. Ce n'est guère que vingt heures plus tard qu'il fut transporté dans une ambulance; il a survécu grâce à sa vigoureuse constitution; beaucoup d'autres auraient été moins heureux.

Trop longtemps, on a étouffé sous les fanfares de la victoire les cris douloureux de ceux qui l'avaient payée de leur sang; le bruit du canon qui signalait le triomphe couvrait la voix plaintive de ceux qui demandaient un verre d'eau ou une civière pour unique récompense de leur coopération; le son des cloches à la volée éteignait le glas funèbre de l'agonie des héros.

Après les batailles et ce qu'elles ont d'émouvant et d'entraînant vient la phase douloureuse où l'on compte les victimes, où on les relève, où on les soigne. Si, dans les camps, on entend les manifestations de la joie au jour du succès, de l'ambulance, quel qu'ait été le résultat de la lutte, s'élèvent les plaintes qu'arrache la souffrance ; là est ouvert le grand livre où l'on inscrit le prix d'une victoire comme celui d'une défaite. Dans le récit des batailles, on néglige souvent ce côté attristant pour ne peindre que ce qui peut entraîner, exalter. Pourquoi, en effet, assombrir la joie d'un succès ou augmenter la douleur d'une défaite ! Mieux vaut laisser cette tristesse dans le lieu retiré où le dévouement, la charité se multiplient pour réparer les malheurs de la guerre. Aussi combien les prévisions devraient être grandes, combien la sollicitude devrait s'étendre sur tout ce qui peut contribuer à amoindrir ces maux !

Un grand philosophe a dit : La guerre est belle sur les champs de bataille où elle s'appelle la gloire ; elle est triste dans les hôpitaux où elle s'appelle la mort. A mon tour je dis : La guerre est une épouvantable calamité qui appelle sur ses victimes la compassion de tout être humain. Nous sommes loin, heureusement, du temps où La Noue prétendait que le lit d'honneur des blessés est un bon fossé où une arquebusade les aura jetés.

Les médecins militaires sont chargés de donner leurs soins aux soldats blessés ou malades. Mes confrères de l'armée constituent un corps qui n'a pas d'égal pour le dévouement, le patriotisme, la science, mais si leur nombre est suffisant en temps de paix, il est loin de l'être en temps de guerre, et il le sera moins encore dans un avenir prochain peut-être.

Qu'on se figure, en effet, quatre millions d'hommes aux prises et cela avec les terribles engins de destruction dont nous disposons aujourd'hui. Quel épouvantable massacre! Quinze jours après les premières balles échangées, nous aurons 100,000 blessés, car je ne compte pas les morts, puisqu'il n'y aura plus, hélas! à s'occuper d'eux.

Pour compléter en quelque sorte notre service de santé militaire, il s'est formé plusieurs associations; celle de la Croix-Rouge, organisée en 1864, ayant actuellement pour chef le maréchal de Mac-Mahon, et qui eut tout d'abord pour but la neutralisation des blessés,

idée sublime dont le principe avait été posé, il
y a plus de quatre-vingts ans, par le célèbre
Percy, chirurgien des armées du premier
Empire; il y a celle des Dames de France
qui a pour présidente Mme Foucher de Careil,
et enfin il y a la nôtre, fondée en 1880 par deux
ardentes patriotes, Mme Kœchlin-Schwartz et
Mme la générale Grenier. L'année suivante, cette
association était reconnue d'utilité publique.

L'Union des Femmes de France n'a pas
seulement pour but de soulager les maux de
la guerre, mais aussi de venir en aide, dans
une proportion de 20 o/o aux victimes de
tous les désastres publics; c'est ainsi qu'il y a
quelques jours à peine elle envoyait 500 francs
à son comité de Marseille pour secourir les
soldats malades revenant du Tonkin et de
Madagascar, 1,000 francs à son comité d'Al-
ger pour secourir les colons ruinés par l'invasion des sauterelles, 500 francs à Dunkerque
pour les naufragés irlandais, 200 francs aux
incendiés de Valmy (Marne), et 200 francs
aux grêlés de Rambervilliers (Vosges).

Aujourd'hui notre association rayonne sur
tous les points de la France; elle a des comités dans toutes les grandes villes et la liste de

ses adhérentes dépasse le chiffre de 6,000. Dès ses débuts, elle a été en butte à de vives critiques, toutes injustifiées.

On a dit : mais pourquoi trois associations, une seule suffirait ; je ne suis pas de cet avis et une quatrième viendrait à se fonder que je n'y verrais, pour mon compte, aucun mal, pourvu qu'au lieu de se regarder comme des adversaires, elles se considèrent comme des alliées.

Or, quoiqu'on ait prétendu le contraire, les comités de la Croix-Rouge et ceux de l'Union des Femmes de France marchent la main dans la main, et parmi leurs membres il en est beaucoup qui font partie des deux associations.

Ceux qui nous ont attaqué ont dit que notre Union était une sorte de succursale de la Franc-Maçonnerie... Que l'on parcoure la liste de nos adhérents, que l'on assiste à nos réunions, à l'une desquelles j'ai vu récemment le comte Serrurier, représentant la Croix-Rouge, et l'on verra si notre association tend en quoi que ce soit à s'immiscer dans ce qui est du domaine de la politique ou de la religion.

Qu'on lise l'article 63 de nos statuts, et l'on verra encore que nous avons le respect de la plus sainte chose qu'il y ait au monde, la liberté de la conscience humaine. Nous ne demandons ni à nos auxiliaires, ni à nos malades ce qu'ils sont et ce qu'ils pensent, et en cela nous suivons l'exemple du grand médecin Velpeau. En 1848, après les combats de juin, la police envahit les salles de l'hôpital de la Charité pour connaître les insurgés qui y avaient été transportés. Velpeau, interrogé à cet égard, répondit ces fières paroles : « Je n'ai vu que des blessures et je n'ai pas vu de visages. »

Et, qu'importent du reste, les opinions, les tendances, la manière de voir particulière à chacun dans une œuvre semblable ! Quand la patrie en larmes vous appellera et que vos mains viendront se poser sur ses douleurs, elle ne vous demandera pas à quelle église ou chapelle vous appartenez, ni si vous sortez de l'atelier ou du théâtre.

Enfin, notre association a été combattue parce qu'on n'a pas confiance dans les aptitudes de la femme, de la femme du monde surtout, à remplir en dehors de chez elle, dans les hôpitaux, le rôle d'infirmière ou de garde-malade. C'est à cette dernière objection que vous allez me permettre de répondre.

Eh bien ! Mesdames, — et je vous le dis sans flatterie, — la femme est l'égale de l'homme sur bien des points ; elle lui est supérieure quand il s'agit de charité.

Oui, la beauté, le charme, la grâce, toutes les qualités attirantes et captivantes sont le partage de celle que Legouvé a proclamé

Des humains la plus belle moitié

et vous savez combien cette galante figure fit fortune auprès de nos pères.

Que m'importent les appréciations fantaisistes et capricieuses de Juvénal ou de Boileau, de Pope ou de Milton qui font d'elle une quantité plus qu'insignifiante, plus que négligeable, un *vas infirmius,* comme osa l'appeler un jour en plein concile un insolent moine... Mais, en un tel sujet, un moine peut-il avoir voix au chapitre !

Que j'aime mieux notre bon Legouvé ; il semble avoir écrit son poème sur les genoux de sa « belle moitié », mais au fait ne l'avoue-t-il pas presque en sa dédicace :

Si j'ai peint d'un crayon fidèle
Les femmes, ce présent qu'à l'homme ont fait les
Vous m'avez servi de modèle,   [cieux,
Vous étiez toujours sous mes yeux.

Je préfèrerais même me ranger de l'avis de Corneille Agrippa, l'ami de la sœur de François Ier, qui a écrit un livre sur « l'Excellence de la femme au-dessus de l'homme ».

La femme peut, en effet, être douée de qualités qui sont innées en elle. Le génie et l'héroïsme — l'héroïsme dans la grâce, comme le dit M. Bardoux en parlant de Mme de Custine, — peuvent la mettre hors de pair et transmettre avec ses œuvres et ses actes son nom à la postérité.

N'ayez crainte, je ne vous parlerai pas de Zénobie, reine de Palmyre, non plus que de Sémiramis, reine de Babylone, toutes deux grandes guerrières et politiques.

Je n'irai point chercher des exemples dans cette magique Athènes où, sous les ombrages des jardins de l'Académie, nous retiendraient trop longtemps près d'elle la poétesse Sapho, ou Corinne ou quelque autre... Sans compter que nous pourrions être arrêtés au passage par quelque femme philosophe. Elles étaient nombreuses à Athènes et l'on raconte que Socrate lui-même ne dédaigna pas leur avis.

Nombreuses aussi étaient les mathématiciennes.

Je ne vous mènerai pas non plus à Rome chez Porcia, la femme de Brutus, auprès de Pauline, la femme de Sénèque, ces fleurs venues au milieu de la corruption impériale et qui voulurent partager la mort à laquelle avaient été condamnés leurs maris.

Mais pourquoi remonter si haut? Revenons chez nous, nous y trouverons, sans beaucoup chercher, assez de nobles mémoires à évoquer.

Je vous parlais des femmes poètes et philosophes d'Athènes... et tenez, non loin d'ici au milieu d'un de nos squares, s'élève la statue du prodigieux penseur qui fut Blaise Pascal. Or, l'auteur des *Lettres provinciales* avait deux sœurs : Françoise et Jacqueline.

Françoise — qui a écrit la vie de son frère — fut un savant philosophe, une théologienne érudite.

Jacqueline — enfant prodige comme Blaise — remportait à quinze ans, un prix de poésie à l'académie de Caen. A vingt-cinq ans elle entrait à Port-Royal-des-Champs où, tout en continuant à se livrer à la poésie, elle écrivait un livre sur l'éducation des enfants. Victor Cousin lui a consacré un volume.

Dites-moi, Mesdames, quelque chose ne devrait-il pas rappeler quelque part la mémoire de ces deux illustres Clermontoises, de ces deux sœurs aînées dont vous avez droit d'être fières ?

Ne demandez certes pas pour elles une statue, comme pour leur frère Blaise... peut-être serait suffisante l'inscription de leur nom sur les plaques d'une rue... mais leur cause est la vôtre ; je la remets entre vos mains.

Des femmes philosophes, théologiennes, poètes, mais toutes les abbesses au moyen âge, femmes de haut savoir, philosophaient et romançoyaient. Qu'il me suffise de citer Héloïse, la trop malheureuse, la trop belle abbesse du Paraclet.

Il y avait, ai-je dit, des mathématiciennes en Grèce, nous en avons eu aussi en France et qui n'ont pas craint de s'engager dans le labyrinthe des sciences exactes : telle, pour n'en citer qu'une, Mme du Châtelet qui, entre deux querelles avec son bon ami Voltaire, trouva le temps d'écrire des commentaires sur Newton, sans compter des commentaires sur Leibnitz.

M'égarant dans Rome, j'ai prononcé les noms de Pauline et celui de Porcia, mais notre gauloise Éponine n'est-elle pas plus belle encore, plus héroïque, plus sympathique ?

Des femmes politiques sachant tenir en main les rênes d'un État ? Mais au temps de César, l'administration des affaires civiles et politiques de la Gaule ne fut-elle pas confiée à vos mères choisies par les différents cantons et constituées en Sénat, jusqu'au jour où il fut renversé par les druides jaloux ?

Je vous ai parlé aussi des femmes guerrières, j'ai cité les noms de Zénobie et de Sémiramis, j'aurais pu rappeler Télésille, cette poétesse qui, délaissant la lyre pour l'épée, défendit Argos, sa patrie, contre Cléomène, roi de Sparte, et à laquelle ses compatriotes élevèrent une statue la représentant casque en tête et des tablettes à ses pieds.

Bien d'autres j'aurais pu nommer, mais combien de Françaises à leur opposer... Une seule en ce moment emplit ma pensée, je n'ai sur les lèvres qu'un nom, celui de Jeanne, la « bonne Lorraine, » ainsi que l'appelle le poète Villon. Son petit village est resté terre française, mais il ne faut pas de Domrémy bien attentivement tendre l'oreille pour entendre ce qu'un autre poète du xiie siècle, le troubadour Pierre Vidal, appelait l'*aboiement allemand*.

Que son cœur eût saigné à cette grande Française, devant cette invasion brutale, barbare ! au spectacle de son pays mutilé ! à la vue de ces soldats enivrés par la victoire et qui chaque jour depuis deviennent plus insolents !

Inclinons-nous devant cette grande figure, devant cette fière image avec une admiration respectueuse, avec une sorte de dévotion patriotique, gardons sa mémoire... mais que Jeanne reste une exception.

Que reste aussi une exception Magdeleine de Saint-Nectaire ! Vous connaissez tous les guerres religieuses dont l'Auvergne, et Issoire en particulier, furent le théâtre pendant les XVIe et XVIIe siècles. Catholiques et Huguenots marchaient les uns contre les autres, portant une bannière sur laquelle étaient inscrits ces mots infâmes : Malheur aux vaincus !

A côté de Chavagnac et de Merle, dont le triste souvenir ne s'est point encore perdu parmi nous, apparurent le trop fameux baron des Adrets, le féroce Montelli, de Lavenal, Henri de Bourbon, Rastignac, de Montal, Chappe, Canillac, qui, au nom d'un Dieu de paix commettaient les crimes les plus atroces : pillages, incendies, assassinats, et cela sous la haute protection et avec le concours de tous les grands et puissants seigneurs.

Au milieu de la tempête se montre une noble et séduisante figure, Magdeleine de Saint - Nectaire. Comme les deux Jeanne, Jeanne d'Arc et Jeanne Hachette, Magdeleine, *l'héroïne du siècle*, comme on l'appelait alors, combattait à cheval, la lance à la main, la visière levée, en signe de mépris du danger. Toujours victorieuse, elle blessa mortellement, dans son dernier combat, Montal, le lieutenant du roi. A la nouvelle de ce haut fait d'armes, le

Béarnais s'écria : « Ventre-Saint-Gris, si je n'étais pas roi, je voudrais être Magdeleine de Saint-Nectaire ! » Ame de héros dans un corps de femme, tête charmante et belle, elle présentait le plus curieux contraste avec la Margot, la voluptueuse prisonnière d'Usson, qui venait jusque dans Issoire à la recherche de nouveaux instruments de plaisir.

Eh bien ! non, Mesdames, non, la femme n'est point faite pour monter à cheval à la manière des hommes, pour se vêtir d'une armure, pour tenir une lance à la main.

Écoutez : Je ne m'imagine pas non plus — prenez garde, je vais quelque peu démolir vos idoles devant lesquelles je me plaisais tout à l'heure à brûler de l'encens, — je ne m'imagine pas non plus un Sénat de femmes légiférant et politiquant.

Entre nous, je préfère les voir assemblées à Avignon ou à Pierrefeu et délibérant sur les choses de l'amour, se prétendant seules aptes à connaître des différends qui survenaient entre époux et amants.

Ce sénat du moins ne s'occupait que de choses ressortissant naturellement à sa juridiction.

Et pourtant, je décline sa compétence parce

qu'on ne peut être juge et partie, et puis, eh bien ! et puis... parce que j'estime qu'elles auraient mieux employé leur loisir à filer de la laine.

Pas davantage, vous le pensez, puis-je me figurer une femme philosophe, théologienne ou mathématicienne.

Je n'irai pas jusqu'à dire avec Molière qu'une femme en sait assez, pourvu

> Que son esprit se hausse,
> A connaître un pourpoint d'avec un haut-de-
> [chausse.

Non, certes, mais elle n'a pas besoin de connaître les sciences pas plus qu'elle n'a été créée pour se jeter dans le tourbillon des batailles, pour blesser, pour tuer... non... votre rôle est de panser les blessures que les hommes ont faites, et, croyez-le, vous avez le plus beau.

« Sécher une larme, a dit lord Byron, est une gloire plus belle que de répandre des flots de sang. » Et qui peut mieux que vous prétendre à cette gloire ?

Un grand poète, le plus grand de tous, celui qui repose au Panthéon, a dit :

> O femme, pensée aimante
> Et cœur souffrant !

La femme aime ou elle a aimé ; elle aime toujours. Je prends ces mots, Mesdames, dans sa plus grave, dans sa plus sainte acception.

Elle souffre ou elle a souffert ; je dirai plus, elle est née l'âme endolorie ; elle est née avec une constitution physique qui en fait toute sa vie une souffrante.

Et voilà pourquoi la compassion, pourquoi la charité sont des vertus inhérentes à sa nature. Voilà pourquoi la femme va naturellement avec amour à celui qui souffre.

Et, phénomène à la fois physiologique et psychologique, singulier, merveilleux, le danger, la vue des plaies pantelantes et même répugnantes sans lui faire perdre ses qualités natives, font naître spontanément en elle des qualités d'un autre ordre qu'on n'aurait pu soupçonner ; si elle est pleine de bonté, de délicatesse, de grâce touchante en se penchant sur le lit d'un malade, elle se montre aussi pleine de sang-froid et d'intrépidité. C'est Legouvé qui a écrit :

O femmes ! c'est à tort qu'on vous nomme
[timides,
A la voix de vos cœurs, vous êtes intrépides.

Vous voyez bien que la femme possède toutes les qualités que doit avoir une hospitalière.

Et puis les femmes ne sont-elles pas, presque toutes, par vocation, hospitalières ! Il n'en est guère qui n'ait quelque remède à préconiser, quelque recette à répandre et qui ne viole tous les jours un peu la loi sur l'exercice de la médecine. Vous avez, a-t-on dit, les sœurs de charité. C'est vrai, mais on sait bien — personne ne le conteste. — qu'elles peuvent être insuffisantes à un moment donné.

Certes, je serai le dernier à nier les qualités civiques des filles de Saint-Vincent-de-Paul ; je les vois tous les jours à l'œuvre, et quoique essentiellement laïque, je n'hésite pas à reconnaître qu'elles donnent fréquemment des preuves de courage, de patience et d'abnégation ; mais ce courage, cette patience et cette abnégation se retrouvent aussi chez les infirmières non religieuses. Dans un discours prononcé, il y a quelques mois, à la Société philanthropique, M. Jules Simon disait :

« Et en même temps que j'ai fait l'éloge des sœurs de charité, permettez-moi de vous dire, Mesdames, que je vous vois ici des personnes qui ne portent ni la cornette, ni la robe de bure, qui sont même en robe de soie, et qui, par le cœur, sont dignes de porter cette cornette et cette robe de bure. »

Pour s'en convaincre encore, il suffirait de

parcourir la liste des prix que chaque année, depuis 1783, l'Académie française décerne à la vertu, à la vertu qui, le plus souvent, s'ignore elle-même, et qui se trouve tout étonnée le 'our où une récompense va à elle. Quel beau livre forme le recueil des discours prononcés depuis 104 ans sous la coupole de l'Institut !

C'est un livre d'or — surtout le livre d'or de la femme, — et combien plus attachant, plus réconfortant que le livre d'or de la noblesse de Venise !

Ouvrons-le en son dernier chapitre seulement : je veux dire parcourons le discours que le 24 novembre 1887, M. Gaston Boissier prononçait dans le Palais-Mazarin.

Mais voilà qu'en ce seul chapitre, les noms de ces infirmières volontaires se pressent en tel nombre que je me trouve embarrassé. Ces héroïnes de la charité forment légion, et je dois me borner.

Quelle pure, quelle grande figure que celle de Mme Dorvault-Lalande à laquelle l'Académie a décerné un prix Montyon !

Devenue veuve et libre en 1882, elle prend la résolution de se consacrer aux soins des malades ; mais pour le faire avec intelligence, avec fruit, elle estime qu'un apprentissage est nécessaire et elle fréquente nos hôpitaux, elle suit nos cours, assiste à nos cliniques.

On apprend tout à coup que le choléra a éclaté à Alexandrie. Mme Dorvault-Lalande quitte Paris en hâte et va s'embarquer pour l'Égypte. Et on la voit tour à tour à Alexandrie, au Caire, à Port-Saïd, à Ismaïlia, faisant par son sang-froid, son intelligence, sa bonté, l'admiration de tous les médecins, semblant crier sans cesse : *Sursum corda* : haut les cœurs !

Le fléau vaincu, ou plutôt las, elle revient en France, à Paris, fatiguée, malade...

Mais l'épidémie vient d'éclater à Toulon avec une violence inouïe ; Mme Dorvault-Lalande part pour Toulon et va frapper à la porte de l'hôpital Bon-Rencontre où elle est heureuse d'être admise comme simple infirmière.

N'est-ce point là une héroïne de la charité !

Et, dites, n'est-elle pas touchante la figure de cette bonne vieille de 76 ans, qui, depuis quarante années, n'a pas cessé de prodiguer ses soins aux malades de sa commune de Robaincourt, dans les Vosges ?

« Dans les épidémies de fièvre typhoïde et
« de choléra, dit le rapport, elle se dévoue
« pour les personnes atteintes de ces mala-
« dies, de même qu'elle soigne les plaies
« cancéreuses les plus rebutantes et que les

« parents même répugnent à panser. Dans
« toutes les occasions, si un malade a besoin
« de la sollicitude d'une garde dévouée, Marie
« est là. »

Je voudrais faire revivre devant vous, même
en quelques traits rapides toutes les nobles
figures de ces sœurs de charité laïques dont
l'Académie française nous a, dans sa dernière
séance, révélé les noms et proclamé la vertu,
mais, je l'ai déjà dit, je dois me borner. Pourtant vous m'en voudriez, si je ne redisais ici
le nom d'une Clermontoise, celui d'Alice Borel.

Et je m'en voudrais à moi-même si, dū
discours de M. Gaston Boissier, je ne vous
lisais une demi-page, une demi-page seulement, qui m'a profondément et tout particu-
lièrement touché et qui, j'en suis certain, pren-
dra tout droit le chemin de votre cœur. La voici :

« Dans un des coins les plus misérables de
« l'Auvergne, à Saint-Donat (Puy-de-Dôme),
« trois sœurs, les filles Chabaud qui ne pos-
« sèdent qu'une petite chaumière que leur
« père, un ancien garde-champêtre leur a
« laissée, se sont faites la providence du pays.
« Dès qu'elles savent qu'il y a quelque part
« un malade, elles le vont voir, le soignant
« jusqu'à ses derniers moments, et s'il reste
« dans la cabane vide quelque enfant aban-

« donné, elles l'emmènent avec elles. Tout
« est singulier et surprenant chez ces pauvres
« filles. Il semble qu'en filant, en reprisant,
« en tricotant toute la journée, elles auront
« grand'peine à gagner de quoi vivre : elles
« nourrissent pourtant des pauvres de leur
« superflu. Leur chaumière paraît trop étroite
« pour les recevoir toutes les trois : elles y
« ont logé cinq orphelins avec elles. »

On ne peut vraiment pas s'expliquer comment on a été si longtemps en France à demander à la femme à s'unir et à se préparer au rôle d'hospitalière, alors que les autres pays nous en donnaient l'exemple.

C'est à une femme, à Miss Nightingale que lors de la guerre de Crimée l'armée anglaise dut en grande partie l'heureux changement qui se produisit dans son état sanitaire. L'image de cette femme sublime parcourant les hôpitaux la nuit, une petite lampe à la main, ne s'effacera jamais du cœur des hommes qui furent l'objet ou seulement les témoins de son admirable charité, et la tradition en sera consacrée pour toujours dans les annales de l'histoire.

Miss Nightingale évoque en moi un bien douloureux souvenir. C'était à la même époque : la frégate de guerre sur laquelle j'étais embarqué comme médecin fut chargée de ramener de Constantinople en France un certain nombre de blessés et de malades de tout genre. Figurez-vous cent malheureux couchés sur de simples matelas, dans le faux-pont d'un navire à peine éclairé par quelques lanternes vacillantes ; entendez ces cris de douleur qu'augmentaient de minute en minute le roulis et le tangage du navire ! !

Plusieurs fois par jour, une lampe à la main, comme miss Nightingale, nous mettions un genou en terre pour nous rapprocher du malade, et quand la mort était venue terminer ses souffrances, il était promptement enveloppé dans un suaire et jeté à la mer où il devenait bien vite la pâture des requins qui suivaient la frégate.

Ce n'était pas seulement triste, c'était horrible ; peut-être plus horrible encore qu'un champ de bataille !

Ah ! qu'en cette circonstance les femmes hospitalières auraient pu nous être d'un grand secours !

Pendant cette même guerre de Crimée, la grande-duchesse Hélène Paulowna de Russie, veuve du grand-duc Michel, engagea près de 300 dames russes à aller faire le service dans les hôpitaux de Sébastopol où ces saintes femmes furent bénies par des milliers de soldats.

Lors de la guerre de sécession, c'est aux femmes américaines que les États-Unis durent a première impulsion d'un grand et magnifique mouvement populaire qui aboutit à une Constitution sanitaire, laquelle rendit les plus éminents services. C'est par milliers que l'on peut compter les blessés et les malades qui furent sauvés de la mort par les hospitalières ; ce qui prouve bien qu'il faut des Sociétés qui puissent servir d'intermédiaires entre l'armée qui se bat et qui souffre, et la population civile qui désire apporter quelques adoucissements aux douleurs de ses soldats.

Pendant la guerre d'Italie, les femmes soignèrent avec tout leur cœur nos braves militaires. Comme Dunant, l'historien de la bataille de Solférino, félicitait l'une d'elles de son dévouement : *Sono madre*, répondit-elle avec simplicité. Combien, en effet, ce rôle est doux pour une mère qui a son fils à l'armée et qui peut se dire : Ce que je donne aux enfants des autres, un autre le rend à mon enfant.

En Allemagne, en Suisse, en Belgique, beaucoup de femmes s'adonnèrent au soin des malades, pendant toute la durée de la guerre néfaste de 1870.

En Russie, lors de la guerre de 1877, les jeunes femmes appartenant à l'École médicale de Saint-Pétersbourg se distinguèrent par leur courage et leur zèle infatigables. Leur conduite attira tellement l'attention que le tsar reconnaissant les décora toutes de l'ordre de Saint-Stanislas.

Telle est, Mesdames, le rôle que vous pouvez être appelées à remplir, et dans un moment comme celui-là, s'il est question de quêtes, qu'il ne soit pas question de créer des infirmières, il faudra l'être déjà, et pour cela avoir acquis dans les cours de vos excellents maîtres une instruction spéciale. C'est alors, mais alors seulement que vous serez à même de manifester votre puissance de secours.

Et si jamais sonne le clairon d'alarme, jeunes ou vieux, catholiques ou libres-penseurs, monarchistes ou républicains, nous suivrons ou nous précéderons votre drapeau, celui de la charité, parce que tous nous avons l'amour de la patrie.

Paris. — Typ. Ch. Unsinger, 83, rue du Bac.

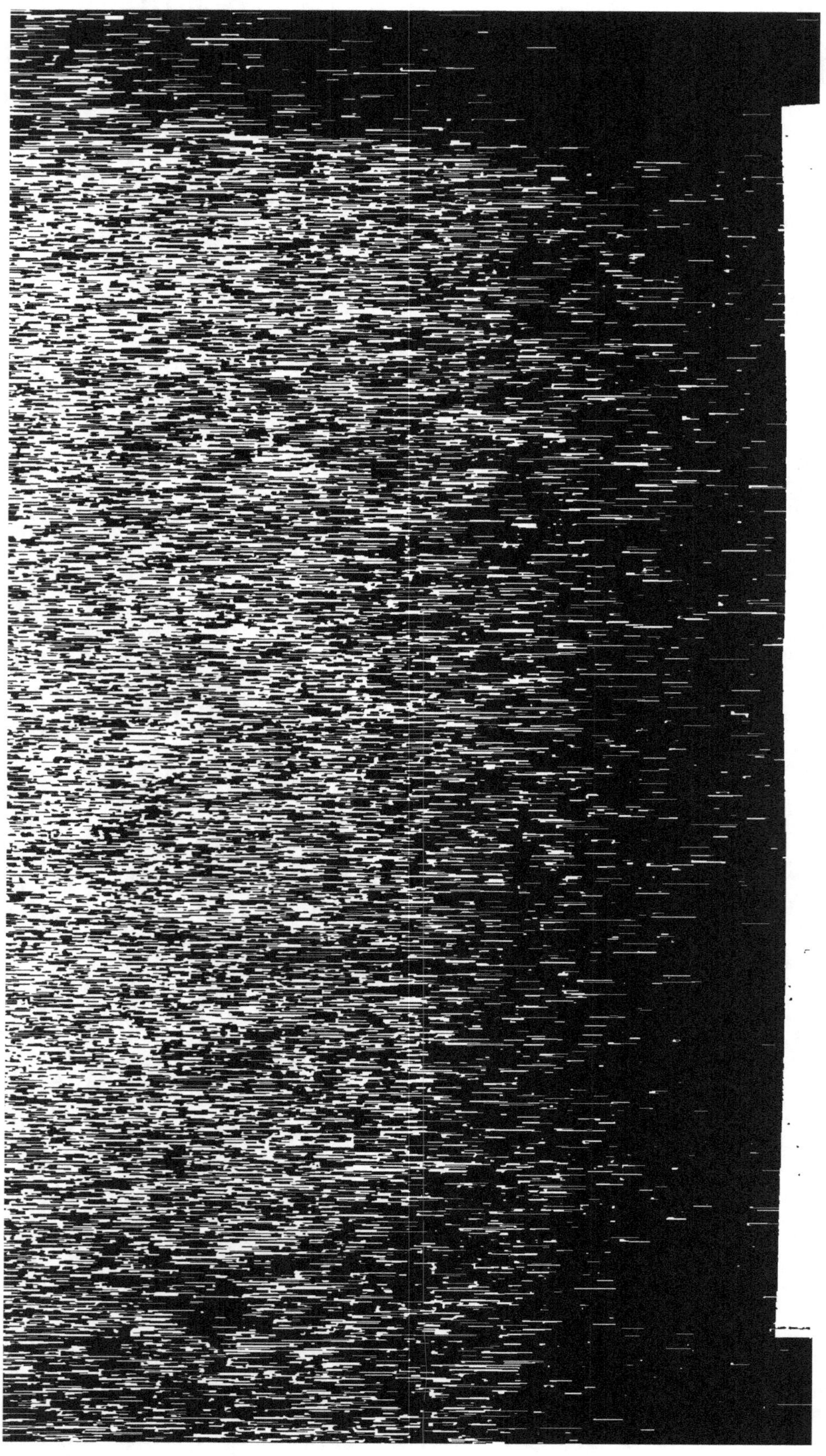

www.ingramcontent.com/pod-product-compliance
Lightning Source LLC
Chambersburg PA
CBHW061350050726
47595CB00005B/2165